AF404520

RÉFLEXIONS

ET

SOUVENIRS DÉCHIRANS

D'un homme d'honneur, mari, et père tout à la fois, abreuvé depuis plus de trente années, d'amertumes et de tribulations de toute nature; récemment méconnu et outragé par sa femme et plusieurs de ses enfans, après quatre ans d'absence, en rentrant au sein de sa famille.

Sic victoria victis.

La preuve la plus significative qu'un propos quelconque renferme *un grand sens*, c'est lorsque ce propos est répété par les contemporains, qu'il passe de bouche en bouche et d'âge en âge. Ainsi, CÉSAR a dit, il y a plus de 1800 ans, en rentrant à Rome, après avoir châtié des peuples rebelles à ses lois : « *Je suis venu, j'ai vu et j'ai vaincu;* » et cependant on répète encore ces paroles fières et fortes, pour exprimer la facilité et la promptitude avec lesquelles on a triomphé de ses ennemis ou de ses adversaires.

Un sage de l'antiquité a dit aussi, depuis bien plus de temps, que dans les circonstances graves et embarrassantes, lorsqu'on avait une détermination *décisive* à prendre dans la vie, *mieux vaudrait le conseil d'un sage ennemi, que celui d'un imprudent ami*, et voilà qu'on répète, de nos jours encore, avec une profonde conviction, sur toute la portée de ce vieil adage, ces paroles pleines de sagesse et de raison.

On répétera aussi celles proférées en juin 1837, par un homme d'un mérite généralement reconnu dans son pays, et qui voulut exprimer par prévision à son parent méconnu et outragé par plusieurs membres de sa famille, l'embarras dans lequel seraient bientôt ses parens qui se réjouissaient alors de leur scandaleux triomphe. Ces graves paroles retentiront aussi dans le pays où le scandale a été commis, comme celles du capitaine romain et du philosophe grec, rapportées ci-dessus, ont retenti

dans le monde entier ; car, ces dernières paroles aussi ,
ont un grand sens et une grande portée.

A la place des vainqueurs, a dit M. le marquis d'H......
à son parent outragé, avec un profond sentiment d'afflic-
tion assombri de stupeur : *A la place des vainqueurs, je
serais bien embarrassé de la victoire.....*

La prédiction de cet homme sage a commencé à s'ac-
complir bientôt après, et aujourd'hui, il n'y a pas encore un an d'écoulé, et voilà déjà les vainqueurs hon-
teux de leur triomphe. La Providence a voulu donc, pour
donner une leçon à ceux qui méconnaissent leurs devoirs , que cette orgueilleuse victoire devînt pour eux
une humiliante défaite.

QUELQUES MOTS SUR CES VAINQUEURS D'UN JOUR

OU.

CES TRIOMPHATEURS ÉPHÉMÈRES.

Il est une femme et une mère qui porte un nom dont
elle s'est rendu indigne (1), qui vit dans une petite ville
du Haut-Languedoc, et qui a osé manquer tout à la
fois aux impérieux devoirs que lui imposaient, en cette
double qualité, la nature et la religion, quoique son
mari et le plus jeune de ses enfans, l'un et l'autre ma-
lades à Paris, réclamassent vivement sa présence et ses
soins auprès d'eux.

Cette femme, après trente ans de co-habitation , non
interrompue, avec son mari, qui l'avait prise, quoique
très-peu fortuné lui - même, *sans dot* et presque sans
avenir ; entretenue honorablement pendant cette longue
période d'années, suivant la position sociale de sa famille et la sienne propre, malgré de nombreux et cuisans revers de fortune ; cette femme et cette mère, sur
de futiles considérations, auprès de ses impérieux devoirs, et sur de vains prétextes, a opiniâtrément résisté,
placée sous la malheureuse influence et la fausse direc-
tion de quelques imprudens conseillers, à l'appel et à
la prière d'un mari et d'un fils, dont les vœux et les be-

______

(1) Peut-être est-elle plus coupable par entraînement que par vice
de cœur : il serait à désirer qu'il pût en être ainsi pour elle.....

soins avaient été si souvent exprimés, nous devons le dire, presque avec l'accent de la supplication.

Ces faits sont ici écrits pour *mémoire* (1), à la honte de cette femme et de cette mère, qui n'a pu certainement recevoir, *d'aucun directeur de conscience,* l'autorisation légale de vivre éloignée de son mari, lorsque ce mari a réclamé plusieurs fois, avec une insistance *justifiée par son droit,* sa présence et ses soins auprès de lui.

Voici encore pour *mémoire,* et pour enregistrer le scandale que cette dame n'a point craint de faire éclater dans son pays et dans le lieu même de son mariage, les réponses offensantes et immorales que ses imprévoyans conseillers lui ont dictées pour les écrire à la suite de la sommation judiciaire que fut obligé de lui faire faire son mari, au lieu même de sa résidence, le **22** juin **1837,** après lui avoir exprimé directement en vain et à diverses reprises, comme aussi, lui avoir fait inutilement transmettre par différens intermédiaires, ses désirs et ceux de leur enfant languissant et malade.

A répondu le **23** juin **1837,** à la sommation qui lui fut faite : « Qu'elle ne pouvait déférer à cette sommation;

1°. « Attendu que son mari n'a point de domicile à Paris, où il n'a qu'une résidence momentanée (2);

2°. « Parce que son mari ne lui offre aucun moyen d'existence, puisqu'il n'a aucune propriété ni aucune industrie (3), et qu'elle ne peut dès-lors sacrifier à un caprice

(1) Ils ne sont pas encore publiés, qui sait s'ils le seront....?

(2) M. de M... est porté sur le rôle des contributions du 10ᵉ arrondissement de Paris, 20ᵉ. arrondissement de perception, sous le nᵒ 3581, *exercice* 1837.

(3) Jamais la position de M. de M*** ne fut plus assurée et plus tranquillisante depuis son mariage (en 1803) qu'elle ne l'est dans ce moment. Son fils et lui, liés de sentimens et d'intérêts, se sont fait par leurs travaux littéraires, leur laborieuse et honorable industrie, et leur sage conduite, *des revenus positifs,* et qui ne peuvent manquer de s'accroître de jour en jour. Ils sont l'un et l'autre dans une belle position, à Paris, et ils peuvent se flatter d'avoir acquis la confiance et la protection d'un grand nombre de personnes très-recommandables sous plus d'un rapport, dont certaines même sont éminemment placées pour leur faire beaucoup de bien dans le moment, mieux encore dans l'avenir.

tyrannique les ressources assurées qu'elle trouve à C.....

3°. « Enfin , parce que des raisons de la plus haute gravité ont commandé la séparation de fait qui existe entre eux depuis quelques années, que, sa conduite envers la répondante a nécessitée , et que si des égards et des considérations de famille l'ont déterminée à garder le silence; elle le rompra dès l'instant que M. de M... voudra abuser de l'autorité maritale, et qu'elle cherchera dans la séparation de corps , l'asile que la loi lui ménage, et a signé de M..... née C..... »

Ces réponses portent le caractère d'une mauvaise foi insigne; elles palpitent de malignité et le cachet de la calomnie et de l'immoralité qu'elles renferment et qui les flétrit à jamais, est plus saillant encore par la réticence des pensées que par l'expression écrite. Cette dame, par sa conduite et la position que lui ont faite ses mauvais conseillers, a perdu, sans nul doute, et pour long-temps, *la paix de l'âme*, et toutes les fois qu'elle rentrera dans le temple du Seigneur pour la lui redemander par de suppliantes prières, LA PLACE du sanctuaire où elle articula ses sermens le jour de la célébration de son mariage, *sera toujours* là, comme un témoin accusateur qui étouffera sa voix et tourmentera sa conscience.

Il est un fils de cette dame qui réside dans la même ville, jeune praticien, encore inexpérimenté, qui a déjà malheureusement flétri son avenir, plus encore par de révoltantes ingratitudes que par un excès d'outrecuidance et d'orgueil, que de petits succès de localité, vraisemblablement ignorés dans le voisinage, ont fait développer de bonheur en lui, et qui s'étant fait le malencontreux conseiller de sa mère, a voulu se donner la double satisfaction de diffamer son père à sa rentrée dans sa famille, et *d'être le premier* à l'insulter. Ses désirs ont été pleinement satisfaits, et son front en est stigmatisé pour toujours.

Ce malheureux jeune homme a osé outrager l'auteur de ses jours, quoiqu'il eût encore à la main des marques parlantes de sa bienveillance paternelle, par les

deux apostrophes suivantes remplies de fiel et d'inso-
lence, et qui pourront servir de type, à jamais, à tous les
enfans dénaturés comme lui, qui voudront méconnaître
et outrager leur père. Cet ingrat enfant, jaloux de la cé-
lébrité, s'est hâté de jeter à la face de son vieux père, le
mépris et l'injure avec un malicieux plaisir, en retour de
tant de sollicitudes affectueuses pour le diriger dans
la carrière de la vie et de la vertu, comme aussi
pour lui reconnaître l'éminent service, inapprécié sans
doute par lui, de lui avoir DONNÉ un nom dont il n'aura
jamais à rougir.

Comment ces diffamations et ces outrages pourront-
ils jamais se rétracter, se réparer et s'oublier ? La chose
nous en paraît presqu'impossible ; toutefois les plus gran-
des difficultés à vaincre, ne sont pas dans l'accomplisse-
ment du pardon et de l'oubli, mais elles pourraient bien
être dans la *rétractation* et la RÉPARATION qui doivent naturellement les précéder.

Voici ces apostrophes que l'on prendrait pour les ex-
pressions d'une démence momentanée, si elles n'avaient
été vraisemblablement minutées d'avance.

« Non, je ne vous dois rien!... Et SI (1) je vous dois
« l'existence par les conséquences naturelles de l'acte
« brutal qui m'a donné la vie, JE VOUS MAUDIRAI, peut-
« être, UN JOUR, car je sens que je suis né pour être
« malheureux. »

« Oui, vous m'avez EXTORQUÉ (2) mille francs, mais,
« si un jour vous vouliez, ou vous *pouviez* me les rendre,
« je ne les accepterais JAMAIS, pour CONSERVER LE
« DROIT DE VOUS LE REPROCHER TOUTE MA VIE. » (3)

----

(1) Cette expression dubitative (SI) est, tout à la fois, aussi offensante pour l'honneur de sa mère que pour celui de son père ;
Elle est encore humilliante pour lui, par l'indiscrète supposition
qu'il fait sur l'incertitude de son origine.

(2) L'expression est plus qu'inconvenante, elle est outrageante et
monstrueuse à l'égard d'un homme d'honneur, et d'un père qui n'a
jamais rien *retenu* injustement, encore moins PRIS, encore bien
moins EXTORQUÉ à personne.

(3) Il faut naturellement supposer que l'auteur a voulu mettre dans
ces apostrophes modèles, et formulées d'avance, toute la malice que
son penchant à la médisance et à la calomnie lui a suggérée.

Il est un autre fils bien moins coupable , quant aux outrages, mais beaucoup plus ingrat encore, frère du jeune
praticien , récemment arrivé du milieu des hordes sau-
vages d'Afrique, irascible et fougueux par caractère, en-
durci depuis douze ans dans la rude et périlleuse carrière des armes , peut-être plus encore par de rigoureux
traitemens et de bien vives contrariétés que de nombreuses imprudences politiques lui ont attirés , qui a voulu
aussi outrager son vieux père , quoiqu'il vînt pourtant ,
les mains pleines de souvenirs gracieux pour lui , de
faire plus de deux cents lieues pour se procurer le plaisir de l'embrasser au sein de sa famille, après six ans de
séparation et de tribulations de tout genre.

Il est peu de fils cependant , nous osons le dire sans
crainte d'être contredit , qui puissent devoir autant à leur
père que celui-ci, et pourtant ce fils n'a pas hésité à imi-
ter son jeune frère , sous la funeste influence duquel il
a eu le malheur de se placer, en venant en congé dans sa
famille, et où on lui a fait comprendre, à ce qu'il paraît,
qu'il ne devait rien à son père que du mépris et des af-
fronts. Les plus grands bienfaits , les plus éminens services ont été donc payés par les plus révoltantes ingratitudes!!!... Vous allez en juger, pères sensibles et généreux,
car, nous n'écrivons pas pour ces hommes lâches et mous,
justifiant toutes les infamies , et toujours froids ou rail-
leurs pour le mérite, ils chercheraient sans doute à flé-
trir de leur sourire méprisant les sentimens de l'homme
de bien dont il est ici question.

Que de vives sollicitudes dont ce fils ingrat a été l'ob-
jet pour l'élever dans son enfance, et pour le diriger ensuite dans la carrière que son goût lui avait fait désigner
de bonne heure; que de soins , que de sollicitations pour
lui procurer à l'école de cavalerie , où il a fait son édu-
cation militaire , des amis et des protecteurs , afin d'y
accélérer son avancement et d'y assurer son avenir ; que
de précautions bienveillantes, que de sages conseils, que
de minutieuses surveillances pour veiller avec une sollicitude toute paternelle , à ce que sa conduite fût toujours

régulière et louable aux yeux de ses chefs; que de démarches, que de fatigues, que de tribulations diverses
cet enfant n'a-t-il pas occasionées plus tard à son père,
pour l'aider, le soulager et venir l'encourager et le défendre dans des circonstances bien critiques, où son ardeur et son inexpérience l'avaient jeté; et dans de bien
plus graves occurrences encore, où sa liberté et sa vie
même étaient si énimemment compromises, que d'inquiétudes vigilantes, que d'anxiétés pénibles, ce fils
n'a-t-il pas données à ce malheureux père; à combien de
sacrifices aussi, et de privations de toute nature, ne l'a-t-
il pas condamné, quoiqu'il fût en même temps accablé
de toutes parts, par d'inouis revers de fortune. Malgré
tous ces malheurs et toutes ces tribulations, on a vu ce
père toujours tourmenté, mais toujours calme, supporter avec résignation et courage dans le silence et la douleur, les coups rigoureux et multipliés de l'adversité, sans
jamais oublier pour cela, qu'il avait une nombreuse
famille à entretenir (qui n'a jamais su comprendre ni
ses embarras ni ses chagrins), et des enfans dans la peine
à soulager et à secourir.

Si nous ajoutons à ces peines, à ces dégoûts, à ces
amères tribulations et à ces cuisans sacrifices endurés
et supportés sans plaintes et sans murmures, pour ce fils
si oublieux et si ingrat, les importans services à lui ren-
dus encore après ces jours de persécution et d'exil, et
presque toujours à son insu, pour améliorer son avenir, et embellir son sort, comment qualifiera-t-on son
inconcevable conduite à l'égard de ce bienfaiteur qui a
si essentiellement, pour lui être constamment favorable,
altéré pour toujours, sa fortune et sa santé. ?

L'énumération seule des circonstances plus ou moins
importantes, plus ou moins graves, où cet ingrat enfant
a eu besoin des soins et des secours de son père, lequel
n'a jamais été ni sourd, ni lent, malgré ses infortunes,
à répondre à ses divers appels ou prières, sera contre
lui, un acte terrible d'accusation qui troublera à jamais
sa conscience et son repos.

1° L'avoir fait entrer en juillet 1825, pour satisfaire à
ses désirs, et pour son avantage à l'école royale de cavalerie de Saumur, malgré toutes les difficultés qui s'y op-

posaient à cause de son âge; et quoique son père fût
accablé à cette époque de chagrin et d'infortunes, il satis-
fit avec empressement à tous les frais de son voyage , de
son admission et de son entretien dans cette école, pendant la première année de son service jusqu'à ce qu'il
pût y signer son engagement.

2° Lui avoir donné dans cet établissement, grand
nombre d'amis et de zélés protecteurs qui ne manquè-
rent pas de lui procurer beaucoup d'agrément pendant
les six années qu'il y a resté , et qui ont favorisé sans nul
doute, quelle qu'ait pû être, d'ailleurs, sa bonne conduite comme élève , son rapide avancement à cette école.

3° Avoir entretenu pendant cette période de six années
(de 1825 à 1831), une correspondance très-active avec
ces mêmes amis et ces mêmes protecteurs, ainsi qu'avec
la plupart de ses chefs, avec une inquiète sollicitude pour
être constamment informé , de divers côtés, de sa conduite, et des secours de toute nature dont il aurait pu avoir
besoin, afin de pouvoir toujours agir, en toute occasion,
promptement et efficacement.

4° En 1831, après son arrestation à l'école, pour causes
politiques d'une haute gravité, son père fut obligé de faire
plusieurs voyages, soit à Saumur, soit à Paris , soit dans
d'autres villes où il était utile de se rendre pour y prendre des conseils et y chercher des défenseurs ; certes , il
n'est pas présumable que cet ingrat enfant ait pu oublier
l'énormité de l'accusation qui pesait sur lui. Que de fatigues , que de sollicitations pour chercher de nouveaux
amis , et se faire de meilleurs protecteurs; que de difficultés il y avait à surmonter, que de résistances à faire
fléchir, à une époque si orageuse où deux partis puissans
s'agitaient sur plusieurs points de la France , et menaçaient le nouveau gouvernement, qui ne pouvait espérer de
pouvoir se maintenir et se faire respecter et craindre, que
par des actes d'une rigoureuse sévérité. Ces résistances
furent cependant vaincues, et ces difficultés furent aussi
surmontées , grâce à la Providence et aux actives démarches de ce père qui eut la vive satisfaction , de voir
ses souhaits accomplis , en apprenant dans le Haut-
Languedoc, où il était retourné pour d'autres affaires ,
l'acquittement de son fils, par arrêt du 7 décembre 1831,

prononcé par la Cour d'Assises de Maine-et-Loire(1).

5° Malgré son acquittement inespéré à Angers, ce jeune étourdi, s'étant encore rendu coupable de nouvelles imprudences, fut cassé de son grade d'adjudant-sous-officier, et il reçut l'ordre du ministre de la guerre, de se rendre comme simple soldat dans le 1er régiment des *chasseurs d'Afrique*, qui s'organisait alors à Hyères (Var); ne voulant pas obéir à cette injonction qui lui parut une grande injustice, irrité de cet acte aussi arbitraire que brutal, il passa en Espagne. Ce fils doit bien se rappeler à combien de tracasseries et de dangers son père fut exposé à cette malheureuse époque; que de précautions ne fallut-il pas prendre dans cette hasardeuse démarche; voyages nocturnes, déguisemens, guides à se procurer, etc. etc., tout fut mis en usage pour pouvoir réussir, et ce fils fut mis, grâce à ce père toujours actif et toujours dévoué, à l'abri des actes rigoureux du gouvernement qui l'attendaient encore s'il fût resté en France.

6° Pendant l'émigration de ce fils, dont l'ingratitude est une monstruosité, son malheureux père accablé d'inquiétudes et de vexations, soupçonné qu'il était d'avoir favorisé la *désertion* de son fils, fut en outre poursuivi par le ministère public pour avoir répandu une lettre que ce même fils *cassé* et *refractaire*, avait adressé à *ses camarades d'armes*. Ce père, vieilli sous le poids du malheur, condamné d'abord par la Cour d'assises de l'Aude, se pourvut en cassation, et de là, fut renvoyé devant la Cour d'assises de l'Hérault, où il fut acquitté, grâces aux nombreux amis politiques qu'il trouva à Montpellier; mais avant cet acquittement, que de démarches ne fallut-il pas faire, que de sacrifices ne fallut-il pas s'imposer!...

7° Ce fils, toujours imprudent et toujours fougueux, quitta l'Espagne après quelques mois de séjour pour

(1) Voulant affaiblir le mérite des démarches de ce père, ainsi que les sacrifices et les fatigues qu'il disait avoir été obligé de faire et de supporter pour sauver son fils si gravement compromis, on a répété dans sa famille, (et peut-être que ce fils ingrat n'en doute plus) que son acquittement était tout naturel, et que sans sollicitation, comme sans fatigues et sans sacrifices, il eût été tout de même acquitté. Qu'on demande à l'avocat des six élèves de l'école de Saumur, qu'on demande à tous les officiers de cette dite école, et qu'on demande aussi à tous les membres du jury ce qu'ils pensent de la culpabilité de l'adjudant sous-officier ?

rentrer en France, à une époque où la Vendée était eⁿ feu, et où la surveillance était si sévèrement exercé e s^{ur} toutes les frontières d'Espagne; aussi fut-il arrêté, à peine eut-il mis les pieds sur le territoire français, le 15 juin 1832, par des douaniers; mais leur ayant résisté avant de vouloir se rendre et se faire connaître, il se trouva tout à la fois, sous la triple accusation *d'un délit de la presse*, pour sa lettre adressée *à ses camarades d'armes*; *d'une désertion à l'étranger*, et *d'une rébellion à la force armée*. Combien cette position si alarmante, et si compliquée, n'obligea-t-elle pas encore ce père presque épuisé, mais non abattu, à de nouvelles fatigues et à de nouvelles dépenses! combien de voyages et de séjours faits à diverses reprises, pour se porter tantôt sur un point, tantôt sur un autre (1). Ces tribulations, ces fatigues, ces privations supportées par ce père toujours actif et toujours dévoué pour ce fils qu'il ne pouvait supposer devoir être un jour un *ingrat insolent* à son égard, ne peuvent guère être appréciées par des hommes égoïstes et froids, mais bien par des cœurs généreux et sensibles, qui ne pourront que s'indigner de la conduite monstrueuse du fils à l'égard de son père, tandis que les autres chercheront à la justifier, peut-être, par des récriminations mensongères et calomnieuses.

8°. Ce fils a été constamment soulagé et secouru dans toutes les circonstances pénibles et dangereuses dans les prisons et les cachots (2), comme aussi devant les Cours d'assises et les Conseils de guerre où il a été obligé de

(1) De la fin du mois de juin 1832, époque de son arrivée dans les prisons de Prades, après son arrestation sur les frontières de la Catalogne, au mois de novembre où il fut acquitté à Perpignan de son dernier procès, comme déserteur à l'étranger, le père de cet ancien élève de l'école de Saumur, fut continuellement absent de chez lui pour être toujours à même de pouvoir agir promptement et efficacement partout où besoin serait; ainsi de Prades, il allait à Perpignan, de Perpignan à Carcassonne, de cette dite ville il retournait à Prades, séjournant autant qu'il le fallait pour le soulagement de son fils et pour payer ses dépenses; retournant à Perpignan, y chercher des amis et des défenseurs pour l'assister dans sa prison.

(2) Châteaux de Saumur et d'Angers, cachots de Prades, prisons de Carcassonne, Narbonne, et de Sigean, fort du *Castillet* à Perpignan, fort *Lamalgue* à Toulon, ainsi que dans toutes les stations et haltes faites, depuis son acquittement devant le conseil de guerre de Perpignan jusqu'à Toulon.

comparaître dans plusieurs départemens (1); il a été aussi par les rapports d'une sollicitude toute paternelle, assisté, encouragé et secouru sur toute la route de Perpignan à Toulon, après son acquittement dans cette 1re ville, (2) par des personnes sensibles et généreuses qui semblaient être presque toujours arrivées là, par hasard : ces amis de son père lui prodiguaient partout, leurs consolations et les secours de toute nature, au besoin; lui avoir procuré dans le fort *Lamalgue*, à Toulon, tous les adoucissemens et agrémens que sa position rendue si malheureuse et si pénible par ses propos imprudens et ses dernières bravades, ne rendait pas impossible; enfin, l'avoir fait défendre à Toulon, dans son dernier procès, et lui avoir ménagé de nouveaux amis pour disposer ses juges à l'indulgence, et lui avoir procuré d'autres amis encore après sa mise en liberté, et jusqu'à Alger, où il eut à se rendre pour joindre son régiment (le 1er *chasseurs d'Arique*).(3)

9°. Ce père a suivi toujours par sa pensée ce fils ingrat pendant son séjour en Afrique, soit dans les hôpitaux, soit sur les champs de bataille, soit sur tous les points où il pouvait supposer que son ardeur et sa témérité pourraient l'entraîner; et par les amis qu'il avait su se ménager dans ces contrées, ce père a pû procurer presque dans toutes les circonstances des consolations, des encouragemens et des secours de *toute nature*, à cet

---

(1) D'abord conseil de guerre de la 4e division militaire à Tours, (Indre-et-Loire) pour son affaire de la conspiration de Saumur; puis Cour d'Assises d'Angers (Maine-et-Loire) pour la même affaire; ensuite par contumace devant la Cour d'assises de Carcassonne (Aude), pour sa lettre adressée à ses *camarades d'armes*; puis encore devant la chambre des mises en accusations de Montpellier (Hérault) pour sa rébellion à la force armée; ensuite devant la Cour d'assises de Carcassonne, encore, lui présent, pour la publication de sa lettre; puis devant le conseil de guerre de Perpignan (Pyrénées-Orientales, subdivision militaire de la 10e séant à Toulouse), pour sa désertion à l'étranger; enfin, au conseil de guerre de Toulon (Var, subdivision de la 8e division militaire), pour le port d'une médaille à l'effigie d'Henri V.

(2) Le conseil de guerre qui prononça son acquittement le 5 novembre 1832, fut révoqué le lendemain par M. le Lieutenant-Général Soult, (frère du ministre de la guerre) qui commandait alors cette subdivision militaire. Pourquoi cette révocation immédiate?... — demandez le à M. le capitaine rapporteur dudit Conseil de guerre.

(3) Arrivé à Alger le 11 février 1833.

enfant mille fois plus ingrat envers son bienfaiteur qu'il n'a été imprudent et audacieux devant l'ennemi (1).

10°. Et quoique sa conduite en Afrique comme militaire ait été belle et sans reproche au dire de ses chefs, ses nouveaux amis, parmi lesquels il en était de puissans, soit dans l'armée, soit au ministère de la guerre, que son père a su lui procurer, ont contribué pour beaucoup à lui faire reconquérir ses grades un à un, et mieux encore, à le faire nommer sous-lieutenant dans son régiment. On sait qu'une épaulette d'officier, quoique méritée et même vivement sollicitée par un colonel, ne s'obtient pas toujours au ministère de la guerre. Interterrogez nombre de sous-officiers de dix à quinze ans de service, d'une bravoure généralement reconnue, et demandez-leur comment il se fait que certains de leurs camarades, sans actions d'éclat et avec moins de temps de service qu'eux, portent l'épaulette d'officier, quand eux ne la portent pas encore (2) ?

Si en revenant rapidement sur tout ce qui vient d'être dit, nous ajoutons à ces peines et à ces tribulations, à ces douleurs et à ces angoisses les dépenses diverses et si multipliées faites pour cet ingrat jeune homme, depuis son départ de la maison paternelle (en juin 1825), jusqu'à sa venue en congé (en juin 1837), à ces fatigues, à cesdégoûts, les dépenses faites à l'occasion de son voyage à Saumur, pour son admission dans l'école de cavelerie, celles relatives à son entretien dans cet établissement

(1) Du mois de février 1833, époque de son arrivée en Afrique, au mois de novembre 1835, époque de sa nomination d'officier dans son régiment, son père a constamment fourni à ses besoins, que la simple solde de chasseur ou de sous-officier ne lui permettait pas de satisfaire.

(2) Ce militaire, ce fils, avait en novembre 1835, époque à laquelle il fut nommé sous-lieutenant dans les chasseurs d'Afrique (l'ordonnance est du 14 dudit mois) de si nombreux antécédens politiques et la plupart d'une haute gravité, qu'il n'eut pas été étonnant qu'il fût resté quelques années encore stationnaire dans les bas grades : son dossier était là, son témoin accusateur contre toutes les propositions qu'on aurait pu faire en sa faveur, et les chances de succès étaient bien moins probables encore dans cette circonstance, si l'on n'eût eu des amis dans les bureaux et auprès du ministre, car il n'existait qu'une place d'officier à donner dans le régiment, et ce militaire avait deux terribles concurrens à éloigner, tous deux fils de lieutenans-généraux et dont l'un était le *directeur du personnel de la cavalerie de l'armée*.

de 1825 à 1831 ; si à celles-ci nous ajoutons celles que
son arrestation (en 1831), et ses procès politiques à
Saumur, à Tours et à Angers ont nécessités ; puis celles
faites à la même époque et dans la même circonstance
par les voyages de son père, soit à Saumur, soit à Paris,
ainsi que les frais de séjour faits dans ces villes, comme
ceux faits dans tant d'autres où il a été obligé de se
rendre dans l'intérêt de son fils (1) ; si nous ajoutons
à toutes ces dépenses les frais de défense devant la Cour
d'assises d'Angers (2), ceux pour le faire passer en
Espagne après son acquittement et sa cassation ; encore
ceux pour subvenir à son entretien pendant son émigration et jusqu'à l'époque de sa nouvelle arrestation sur la
frontière de la Catalogne, qui eut lieu le 15 juin 1832 ;
si encore nous ajoutons à toutes les dépenses qui pré-
cèdent, celles qu'ont occasionés ses trois procès de
cette même année, (le premier, pour un délit de presse
relatif à la publication de sa lettre adressée à ses camarades d'armes, le deuxième, pour sa rebellion à la
force armée sur la frontière d'Espagne, et le troisième,
pour sa désertion à l'étranger) avec leurs appels en Cour
de cassation et leurs renvois devant d'autres tribunaux,
ainsi que tous les frais qui ont dû naturellement s'en
suivre, soit pour les conseils, soit pour les défenses, et
tant d'autres frais et dépenses commandés par sa position malheureuse, que de nouvelles imprudences com-
pliquaient de jour en jour, le plus souvent par sa faute ;
si nous ajoutons à cette longue série de dépenses les
frais de translation et de séjour dans un grand nombre de prisons, les frais de voyage faits par son père
pour venir auprès de lui l'encourager et l'assister, ou

(1) Indépendamment des voyages et des séjours faits en 1831 à Saumur et à Paris, le père de ce jeune militaire a été obligé d'aller et de sé-
journer, plus ou moins long-temps, suivant les circonstances, de 1831
à 1833 (2 années d'agitations et de troubles) dans les villes ci-après
Poitiers, Tours, Carcassonne, Perpignan, Prades, Montpellier, etc. etc.

(2) Outre son défenseur à Angers pour l'affaire de Saumur, il a fallu
lui en donner deux à Carcassonne pour sa lettre publiée, un à Paris,
en Cour de cassation, un autre à Montpellier pour sa rébellion à la force
armée, deux à Perpignan pour sa désertion à l'étranger, encore un à
Toulon pour le port d'une médaille prohibée.

pour aller chercher ailleurs des amis, des conseils et des défenseurs pour le protéger contre les graves dangers qui le menaçaient ; si à ces derniers nous ajoutons encore ceux commandés par son dernier procès à Toulon, son entretien dans le fort *Lamalgue*, puis à la suite les frais du complément de son entretien en Afrique, de son arrivée (février 1833), jusqu'à l'époque de sa nomination d'officier (en novembre 1835), plus encore tous les frais du procès fait à son père pour avoir distribué sa lettre incriminée (condamnation, pourvoi en cassation et renvoi devant une autre Cour d'assises où il fut acquitté) ; enfin, les frais de voyage de ce bon et malheureux père qu'il fit en juin 1837, dans le Languedoc, pour venir l'embrasser au sein de sa famille où il était en congé, et pour lui porter de nouvelles preuves de sa bienveillance paternelle ; enfin, si, à la suite de toutes ces dépenses, de ces énormes sacrifices qui ont presque toujours nécessité des emprunts onéreux et usuraires, nous récapitulons pour y ajouter encore, les frais d'une correspondance très-étendue et fort active (en dehors de la correspondance amicale et réciproquement agréable avec lui), entretenue pendant douze années consécutives, (1) soit en France, soit à l'étranger, et toujours pour son agrément et son avantage, et encore ceux faits pour tant d'autres objets divers, comme mémoires, lettres et articles divers publiés, gratifications diverses, etc., etc., etc. On pourrait approximativement supputer le chiffre des nombreuses dépenses faites par ce malheureux père, appauvri d'autre part par tant d'autres cuisans revers, et apprécier aussi les sacrifices et les privations de toute nature qu'il a bien voulu s'imposer pour être agréable et utile à ce fils, dans des temps prospères, et pour venir le secourir et le défendre dans le malheur et l'adversité. (2)

Ce chiffre quel est-il ?...

---

(1) De juin 1825, époque de son départ de la maison paternelle, jusqu'en juin 1837 époque de sa venue en congé dans sa famille.

(2) Quand on est chargé du fardeau d'une trop grande reconnaissance, ce qu'il y a de plus prompt et de plus facile à faire pour s'en débarrasser, c'est DE DIFFAMER SON BIENFAITEUR.

Ce n'était pas assez d'outrages et de mépris pour cet homme d'honneur, père et mari, l'enfant que l'on pourrait appeler de prédilection (si ce père n'eût également aimé tous les siens), a voulu aussi, par un entraînement bien coupable, l'humilier sur les mêmes lieux, en lui exprimant, au nom de toute sa famille, avec un ton piteux et presque lamentable, des sentimens de commisération dont un malheureux inconnu aurait dû être choqué. Elle exprima à ce père avec assez de franchise cette fois, en dérogeant à ses principes de dissimulation qui s'étaient considérablement fortifiés depuis son départ, que son retour dans sa famille l'avait plongée dans une profonde tristesse, et que son prompt départ du pays, où l'on se réjouissait tant de ne plus le voir depuis quatre ans, était ce qu'elle pouvait désirer le plus vivement. Joignant ainsi à la froide indifférence et au mépris insultant, la pitié plus offensante encore pour un père qui s'était épuisé avec tant de générosité pour entretenir une famille si ingrate..... De tous les outrages que cet homme d'honneur a reçus de la plupart des siens pour lesquels il avait tant fait, le dernier lui a été le plus sensible, parce qu'il s'était persuadé que celle qui s'était chargée de cette mission si inconvenante et si pénible à remplir, aurait conservé pour lui, soit par un penchant naturel, soit par un sentiment de reconnaissance, quelque reste d'attachement et d'amitié. Mais il s'était étrangement trompé, ce père tendre et si affectueux, car on a payé ces gracieuses prévenances par un froid accueil, et ses affectueuses propositions par une indifférence plus froide encore. Ce malheureux père, stupéfait de tant d'outrages dont la fille qu'il avait tant aimé et qu'il avait espéré amener avec lui, venait de l'abreuver, fut quelquetemps à pouvoir comprendre comment il pouvait se faire quecette enfant l'eût méconnu et méprisé aussi. Quelques momens de réflexions lui suffirent néanmoins pour lui faire concevoir qu'il ne pouvait en être autrement à cause que depuis son départ du Languedoc, en 1834, elle avait constamment vécu au milieu de ses détracteurs, et presqu'à la solde de celui qui s'était fait le conseiller et le dominateur de toute la famille, lequel avait voulu être aussi *son représentant* pour se donner le plaisir de l'outrager, de le braver et de le défier en face.

Fier de son mandat, fort de son audace, oubliant ses devoirs et le respect que devaient lui inspirer des cheveux blanchis plus par les chagrins que par l'âge, il a voulu, à deux fois, jeter au visage de son père le mépris et la menace. (1)

Ce malheureux père a encore d'autres enfans!..... La Providence n'a pas encore permis que ceux-ci l'outrageassent à leur tour; peut-être cela arrivera-t-il plus tard; n'importe, il saura se résigner encore, s'il doit en être ainsi, à ces dernières tribulations. Du reste, quelques outrages de plus n'accroîtront guères ses dégoûts et ses chagrins, qui ont déjà si sensiblement dégradé son corps et contristé son âme, qu'il ne se croit plus suscepble de sentir de nouvelles impressions de douleur.

DE M........

(1) Nous ne ferons pas connaître ces trop malheureux enfans indignes de porter le nom de leur père, pour ne pas nuire à l'avenir de ceux de leurs frères qui n'ont pas encore, comme eux, outragé l'auteur de leurs jours. Du reste, il serait possible qu'un jour un repentir sincère les portât à se nommer eux mêmes : puisse-t-il en être ainsi pour leur honneur et leur avenir ! *Ce sont les vœux les plus ardens que fait l'homme qui a rédigé cet écrit.*

Nous terminons cet écrit par cette pensée, qui doit s'être présentée naturellement, à l'esprit de toute personne sensée et réfléchie. — S'il pouvait être vrai que la femme et les enfans qui ont méconnu et outragé leur mari et leur père, jouissent encore, dans le lieu même où le scandale a été commis, de la *considération publique*, il faudrait en induire par une conséquence toute naturelle, que ce mari et ce père, en une seule personne, *est un être bien vil et bien méprisable.*

Mais si au contraire, ce mari et ce père qui aurait été *méconnu* et *outragé* par sa femme et ses enfans, *était un homme d'honneur,* il *est impossible* que cette femme et ces enfans méritent l'estime des gens de bien.

Nous soumettrons ces réflexions à l'opinion publique, s'il est nécessaire, qui saura bien les apprécier, et nous n'appréhendons nullement la publicité de son jugement.

Paris, le 15 juin 1838, jour très mémorable pour la *famille* dont il s'agit.

LAGNY. — IMPRIMERIE D'A. LE BOYER ET COMPAGNIE.

9 782019 293772